UNTERWEGS ZUR KRIPPE

KRIPPENSPIELE

von

Cristina Falk

Gewidmet allen Kindern, die mit mir Freude hatten an der Darstellung der besten Geschichte aller Zeiten - die Weihnachtsgeschichte.

INHALTSVERZEICHNIS

Unterwegs zur Krippe - Vorwort   **4**

1. Die Weihnachtstrilogie

- **Die Liebe der Hirten**   **8**
- **Die Hoffnung der Weisen**   **22**
- **Der Glaube Mariens**   **50**

2. Ein Stern ist uns erschienen   **62**

3. Maria durch den Dornwald ging   **76**

Unterwegs zur Krippe

Vorwort

Vor kurzem habe ich auf dem Dachboden einen alten Umzugskarton aufgemacht. Dort fand ich einige alte Stücke Korkrinde, einige Streifen künstliches Moos und ein Säckchen mit Sand. Die unverzichtbaren Requisiten für einen „Nacimiento" (Geburtdarstellung ist die Übersetzung). Früher war das der einzige Schmuck, den man Weihnachten in den Familien in Spanien hatte. Diese Tradition war einige Jahrhunderte vorher von Neapel nach Spanien gebracht worden. Eine Darstellung der Geburt Christi in Bethlehem, mit Landschaft, Dorf und Krippe.

So war die Korkrinde notwendig, um die Berge von Judäa nachzuahmen. Dort oben prangte das Schloss von Herodes, und dorthin ritten auf Pferden oder auf Kamelen die etwas verirrten drei Weisen aus dem Morgenland. Unten im Tal gingen die Menschen ihren Tätigkeiten nach, ahnungslos von dem Wunder, das gerade in ihrer Nähe passierte. So wuschen die Frauen ihre Wäsche in dem Fluss, den wir aus gespartem und geglättetem Alupapier gebastelt hatten. Im See (ein kleiner Taschenspiegel meiner Mutter), badete eine kleine Entenfamilie. Ein Schweinehirt ging mit seinen Schweinen auf die Suche nach Eicheln auf einem Wäldchen, das aus kleinen Zweigen bestand. Ein Müller brachte Mehlsäcke aus der Mühle und Häuschen wurden ausgestellt. Einige sahen eher orientalisch aus, andere sahen aus wie kleine Villen mit Gärten. Unterhalb der Gebirge, natürlich mit Schnee aus Mehl, befand sich eine kleine Wüste aus Sand. Zwei Palmen aus Papier kamen uns sehr echt vor. Und jetzt wurde der Platz für die Krippe geschaffen. Auf einer Erhöhung, schuf mein großer Bruder eine Höhle, und mit einer Elektrobirne im Hintergrund wurde das Licht des Kindes dargestellt. Maria und Joseph knieten schon auf dem Boden, gewärmt von Esel und Ochsen, die auch hinter dem Kind knieten. Und jetzt hatten wir noch etwas Wichtiges zu schaffen. Der Weg, der zur Krippe führte, wurde von Hirten, Frauen und Kindern belebt. Diese unterschieden sich von den anderen, weil sie beladen waren. Sie brachten dem Kind und den Eltern Geschenke. Da war der ältere Hirte beladen mit einem großen Schaf, oder der kleine Hirte, der nur ein Leib Brot brachte, oder die Frau, die mit einem Eierkorb zur Krippe eilte, und die Mutter, die ihr kleines Kind mitbrachte. Einige kamen alleine, andere brachten ihre Freunde mit. Diese Leute hatten es eilig. Dazwischen war aber Platz für uns, wie meine Mutter meinte. Viel Geld hatten wir nicht zur Verfügung, aber jedes Jahr kauften wir ein

paar Häuschen mehr oder einen beladenen Hirt für den Weg zur Krippe. So wurde die biblische Geschichte in uns lebendig. Wir waren auch unterwegs wie die Hirten. Das Kind hatte offenen Arme für uns alle.
Erst heute merke ich, wie wichtig diese Darstellung des Weges in meinem Leben gewesen ist. Das Kind lag da und wartete. Aber nicht alle kamen. Genau wie heute.

Diese Theaterstücke, die ich im Laufe der Jahre geschrieben habe, sollen uns das Geschehen in der Krippe lebendig halten. Sie sind für verschiedene Altersstufen geeignet. Die erste Trilogie erfordert einiges von den Schauspielern z.B. von einer Theatergruppe aus Firmlingen. Die anderen letzten zwei Stücke sind für Kommunionskinder geeignet.

„*Er war in der Welt, und die Welt ist durch ihn geworden, aber die Welt erkannte ihn nicht. Er kam in sein Eigentum, aber die Seinen nahmen ihn nicht auf*" *(Joh. 1. 10-11)*

Die Weihnachtstrilogie

Die Liebe der Hirten

Die Hoffnung der Weisen

Der Glauben Mariens

Die Liebe der Hirten

oder

Die Anbetung der Hirten

(Erstaufführung Weihnachten 1981 in

St. Franziskus, Marburg - Cappel)

Personen:

Maria

Joseph

Wirt

Ruth

Thomas

Jonas

Johannes

Engel

Frauen, Hirten

I. SZENE

Maria: Joseph, ich kann nicht mehr. Haben wir noch lange zu gehen bis Bethlehem?

Joseph: Nein, Maria, schau, siehst du nicht die Lichter da oben auf dem Hügel, dort ist Bethlehem. Bald haben wir es geschafft. Ruhe dich ein bisschen aus, das letzte Stück ist immer das schlimmste.

Maria: Dank sei dem Herrn! Wir sind da! Schau, Joseph, meine Müdigkeit ist schon fast weg. Dieses Lichtlein am Horizont gibt mir eine solche Hoffnung. Endlich, nach einem so langen Marsch, ausruhen zu können, in der Wärme zu sitzen. Oh, Joseph, wie froh bin ich. Ich habe eine solche Angst gehabt, das Kind könnte noch unterwegs kommen. Ich wollte dir gar nichts sagen, Joseph, aber ich fühle, ich glaube, seine Geburt ist sehr nah. Beeilen wir uns, bitte.

Joseph: Maria, mach dir keine Sorgen. Der Herr, unser Gott, sorgt für uns. Alles wird schon seinen Lauf nehmen. So wie Er es bestimmt hat.

Maria: Joseph, schau, wir sind schon da. Oh, wie viele Soldaten sind heute hier und Reisende wie wir.

Joseph: Dort gegenüber ist die Herberge. Ich werde mal fragen. Du kannst hier auf mich warten und dich ausruhen. Ich komme gleich zurück.

(Joseph klopft an eine Tür, der Wirt öffnet)

Joseph: Der Friede sei mit Euch!

Wirt: Und mit Euch der Frieden. Was wünscht Ihr?

Joseph: Meine Frau braucht dringend einen Platz, wo sie sich ausruhen kann. Die Reise war mühsam und Ihre Zeit ist nah.

Wirt: Was meinst Du damit, ihre Zeit ist nah?

Joseph: Hast Du sie nicht gesehen? Sie wird bald ein Kind gebären.

Wirt: Wie? Meinst du etwa, das kann bei mir passieren? Du hast sie wohl nicht alle, was? Ich habe schon genügend Probleme im Kopf und viel zu tun. Siehst Du nicht, dass mein Haus voll ist? Außerdem, auch wenn ich wollte, könnte ich nicht.

Es gibt keinen Platz hier. Bezahlen werdet Ihr nicht können, oder?

Joseph: Etwas Geld habe ich noch. Es ist nicht viel, aber es ist alles was ich habe. Meinen Esel kannst Du auch behalten. Ich kann für dich arbeiten. Bitte, lass uns herein. Meine Frau ist so müde, die lange Reise hat sie fertig gemacht. Habt in Gottes Namen Mitleid mit Ihr. Ich kann ja draußen bleiben, aber gebt Ihr bitte einen Platz zum sich ausruhen.

Wirt: Geh weg! Ich kann Dich nicht mehr hören. Du bist ein Bettler von der schlimmsten Sorte. Geh jetzt oder ich rufe die Soldaten, damit sie dich auspeitschen.

(Joseph geht zögernd zu Maria. Er muss sich eine Träne, die ihm über die Wange rollt, mit der Hand abtrocknen)

Maria: Joseph, was ist, du weinst, warum?

Joseph: Der Wirt will uns nicht hereinlassen und Du bist so erschöpft. (*verzweifelt*) Was machen wir jetzt?

Maria: Joseph, mach dir bitte meinetwegen keine Sorgen. Bei mir ist alles in bester Ordnung. Ich spüre jetzt nur Freude und Frieden. Ich weiß, dass Er bald kommt. Ich zittere nur vor Freude. Ich weiß, dass es egal ist, wo und wie, Hauptsache, er ist endlich da. Aber wohin könnten wir gehen?

(Maria schaut um sich herum, Ruth kommt näher)

Ruth: Der Friede sei mit Euch.

Maria und Joseph: Und mit Dir der Frieden.

Ruth: Seid Ihr Fremde in der Stadt?

Joseph: Ja, gerade angekommen. Weder Haus noch Freunde haben wir hier. Es gibt nirgendwo einen Platz für uns, und meine Frau braucht dringend Ruhe.

Ruth: Ja, das merke ich schon. Ich habe alles vorhin in der Herberge mit angehört. Ich bin nämlich die Magd dort. Als Lohn für meine Arbeit bekomme ich etwas zum Essen, aber mir macht das nichts aus. Ich bin es schon gewöhnt. Nur, dass er, der Wirt, so grob und böse zu Euch gewesen ist, hat mich seltsam berührt. Ich habe Euch nur einmal gesehen, aber in Eurer Nähe spüre ich, was mir immer gefehlt hat. Deswegen bin ich hier. Ich weiß einen guten Platz für Euch. Seht Ihr den Hügel dort? Oben sind drei Palmen und ein paar Sträucher. Dort, neben den Palmen, ist ein kleiner Stall, der gerade nicht benutzt wird, dort werdet Ihr wenigstens ein Dach über dem Kopf haben. Ich schaue morgen bei Euch vorbei, ja? Hoffentlich geht alles gut.

Joseph: Gelobt sei der Herr. Danke liebe Frau. Du bist uns von Gott geschickt worden.

Maria: Du warst gut zu uns! Der Herr wird es Dir vergelten!
(ein Hirte nähert sich der Gruppe)

Ruth: Thomas, vielleicht könntest du diese Reisenden bis zum Stall dort oben begleiten? Ich muss in die Herberge zurück. Hast Du uns die Milch und die Lämmer geliefert, die wir bestellt hatten?

Thomas: Sag deinem Herrn, dass er von mir in Zukunft nichts mehr kriegen wird. Ich habe alles gehört und musste mich seinetwegen schämen. Wie kann er nur so etwas tun? *(zu Maria und Joseph)* Hier, diese Milch könnt Ihr haben, vielleicht habt Ihr Durst? Ich werde Euch helfen, ein Feuer zu machen, und mit ein bisschen Brot könntet Ihr schon ein gutes Mahl haben.

Ruth: Thomas, gib mir einen Krug Milch. Ich werde für Euch Butter machen, die bringe ich morgen mit. Aber jetzt muss ich fort. Mein Herr ruft schon nach mir.

Joseph: Auf Wiedersehen. Gott sei mit Dir.

Thomas: Jetzt geht es bergauf und es ist schon dunkel, aber ich kenne den Weg. Gebt mit Eure Hände. Ich werde Euch führen.

(die drei geben sich die Hände und gehen langsam von der Bühne weg)

II. SZENE

(Jonas und Johannes)

Johannes: (*rezitiert langsam fast singend*)

  Siehe, kommen wird der Herr.
Er wird sein Volk erlösen;
machtvoll schallt sein Ruf.
Wüste und Öde sollen sich freuen,
die Steppe soll jubeln und blühen.

Jonas: Was sagst Du da?

Johannes: Nichts, ich habe ein Lied rezitiert. Das Lied ist so schön. Es ist ein Psalm des Propheten Jesaja.

Jonas: Ich habe jetzt keine Zeit für Lieder. Wo ist Vater? Ich habe Hunger.

Johannes: Da kommt er. Ich höre seine Schritte. Vater! Vater! Du bist endlich da.

Thomas: Der Friede sei mit Euch, meine Söhne. Es ist kalt heute, nicht wahr?

Jonas: Komm ein bisschen näher ans Feuer. Hast Du die Milch und die Lämmer beim Wirt verkauft? Hast Du Geld mitgebracht?

Thomas: Gar nichts habe ich. Mit diesem Wirt werde ich nie mehr Geschäfte machen.

Johannes: Was ist denn passiert, Vater?

Thomas: Ihr wisst, dass er der reichste Mann in der Umgebung ist, nicht wahr? Und dass er ein großes Haus hat. Heute hat er zwei Fremde, die in großer Not waren, nicht hereingelassen. Die Frau, selber fast ein Kind, wird bald Mutter werden. Der Mann war außer sich vor Kummer. Er wollte dem Wirt alles geben, was er bei sich trug. Seinen Esel, seine Sandalen. Sie wollten nur ein Dach über dem Kopf haben. Der Wirt blieb hart. Geschäft ist Geschäft sagte er.

Jonas: Na und?

Thomas: Ich blieb im Schatten. Ich schäme mich, dass ich diesem Wirt nicht meine Meinung gesagt habe, aber ich werde keine Geschäfte mehr mit ihm machen.

Jonas: Und wo ist die Milch, wo sind die Lämmer?

Thomas: Die Lämmer habe ich schon bei den Schafen gelassen. Die Milch habe ich den Reisenden geschenkt.

Jonas: Was, einfach so? Bist du verrückt? Wir haben heute keine Milch für das Abendessen, aber du schenkst diese an zwei fremde Menschen?

Thomas: Jonas, Jonas, sei nicht immer so egoistisch. Ich kam mir so reich vor. Wir haben unser Schafe, ein kleines Häuschen, unsere warmen Felle, etwas zu essen und zu trinken, und diese zwei lieben Menschen hatten nichts.

Jonas: Müssen wir denn alles verschenken, an alle Bettler, die uns über den Weg laufen? Arbeiten sollen Sie,. dann werden Sie auch nicht verhungern.

Thomas: Wie unwissend bist Du. Kannst Du nicht unterscheiden zwischen Faulenzern und Gottesmenschen in Not? Du hättest ihre Gesichter sehen sollen. Die Frau als sie mich anlächelte strahlte einen solchen Frieden, eine solche Freude aus. Nie war ich glücklicher als heute Abend, als ich diesen Fremden den Weg zum Stall zeigte. Wir fassten uns bei den Händen. Die Frau in der Mitte. Ihr Mann hielt die linke und ich die rechte Hand, damit sie nicht über die Wurzeln und Steine des Weges stolperte. Eine Weile schwiegen wir, dann auf einmal hatte ich einen seltsamen Wunsch. Ich fing an zu singen, und die zwei Fremden sangen mit. Die Frau hatte eine Stimme wie eine Nachtigall.

Johannes: *(ziemlich erregt):* Was habt Ihr gesungen, Vater?

Thomas: Diesen hoffnungsvollen Psalm: Siehe, kommen wird der Herr...! von Jesaja.

Jonas: Jetzt werde ich verrückt! Mein Bruder, der Johannes, fing auch gerade um diese Zeit an, auch dieses Lied zu singen.

Johannes: Ja, Vater. Es ist wahr. Ich weiß selber nicht, was mit mir los ist. Ich spüre in mir eine solch seltsame Erregung, Freude, Hoffnung. Die Welt scheint mir verändert zu sein. Spürt Ihr es nicht?

Thomas: Ja, es kann sein. Ich fühle mich glücklich, nur weil ich diesen zwei lieben Menschen ein bisschen helfen konnte. Es macht mir Freude, dass ich sie kennen gelernt habe.

Johannes: Du machst mich neugierig, Vater. Ich möchte deine Freunde auch kennenlernen. Nimmst du mich morgen auch mit?

Thomas: Ja, mein Sohn. Ich verspreche es dir. aber jetzt, meine Kinder, legen wir uns schlafen. Thomas, du wirst heute bis Mittenacht Wache halten. Danach kannst du mich wecken. Leg ein bisschen mehr Holz aufs Feuer und halte dich schön wach. Es gibt viele Wölfe in der Umgebung.

Jonas: Mach dir keine Sorgen, Vater. Ich werde es schon können. Gute Nacht.

Thomas und Johannes legen sich hin und wickeln sich mit ihren Decken ein. Die Lichter sind ausgegangen. Nur ein kleines Feuer bleibt auf der Bühne. Jonas geht ein bisschen zur Seite, um mehr Holz zu holen, währenddessen erscheint ein Engel (Beleuchtung) neben der Feuerstelle. Als Jonas ihn erblickt, erschreckt er sich zu Tode.

Engel: Fürchtet Euch nicht. Ich bringe Euch eine frohe Botschaft. heute ist Euch der Heiland aller Völker geboren. Christ, unser Herr, in der Stadt Davids. Geht hin und betet ihn an. Das werdet ihr als Zeichen haben: Ihr werdet das Kind eingewickelt im Windeln finden und in einer Krippe liegend. Ehre sei Gott in der Höhe, den Menschen Frieden auf Erden.

(der Engel entfernt sich, man hört einen Chor singen "Ehre sei Gott in der Höhe", Jonas versucht sich zu besinnen)

Jonas: *(für sich)* Unser Heiland und Retter! *(plötzlich)* Vater! Johannes! Aufwachen!

Thomas und Johannes: *(fahren hoch)* Was gibt es? Warum schreist du?

Jonas: *(mit strahlendem Gesicht)* Ein Engel! Der Heiland ist geboren! Wir müssen Ihn anbeten! Komm, mach schnell! Aber, wohin sollen wir gehen? Ach ja, der Engel sagte, als Zeichen würden wir das

Kind in Windeln gewickelt finden und in einer Krippe liegend.

Thomas: Ein Kind in einer Krippe? Das muss der Stall sein. Ja, das sind Sie sicher!

Johannes: Ja, Vater, schau dort drüben über dem Stall. Siehst du nicht den Stern? Wie schön er ist, und wie er leuchtet?

Thomas: Oh, welche Freude! Auf, meine Söhne. Wir müssen uns beeilen. Johannes, du nimmst das größte Lamm mit. Und du, Jonas, nimmst das dickste Fell, dieses hier, sonst, in so einer Nacht wie heute stirbt uns das Kind vor Kälte, wenn es keine Decke hat. Hätten wir noch etwas Brot?

Jonas: *(sucht eilig)* Ja, Vater, zwei ganze Brote. Und hier ist noch ein bisschen Butter.

Johannes: *(lacht)* Und du warst so aufgeregt, weil Vater Ihnen zwei Krüge Milch geschenkt hatte.

Jonas: Ja, schon, aber jetzt weiß ich, worum es geht. Los, komm mit! Wir müssen die anderen Freunde und Nachbarn rufen. Sie sollen alle kommen.

Lied: "Kommet Ihr Hirten..."

III. SZENE

(im Stall: Joseph kniet neben der Krippe. Maria hält das Kind auf dem Arm. Das Paar betet schweigend. Man hört Stimmen; an der Tür erscheint Thomas)

Thomas: *(tritt zögernd ein)* Gott sei mit Euch! Dürfen wir hereinkommen?

Joseph: Der Friede sei mit Euch, meine Freunde. Kommt bitte herein, aber seid ein bisschen leise. Das Kindchen schläft.

Thomas: Jonas, Johannes, Ruth, alle...hierher...aber leise. *(alle Hirten und Frauen kommen näher. Sie bilden einen Kreis um die drei Gestalten. Sie knien nieder. Maria lächelt sie an und zeigt Ihnen das Kindchen)*

Johannes: Wir haben etwas zum essen mitgebracht. Es ist nicht viel, aber es ist alles, was wir haben. Ein Lamm, Brot und etwas Butter.

Eine Frau Und ich habe ein paar Zitronen.

Ruth: Ich habe Euch einen guten Käse mitgebracht.

Zweite Frau: Und ich bringe Euch einige Windeln fürs das Kind.

Zweiter Hirt: Ich konnte schnell etwas Holz sammeln fürs Feuer.

Dritter Hirt: Und ich bringe einen Krug Wein.

Joseph: *(gerührt)* Danke, herzlichen Dank, meine Freunde. Wie können wir je vergessen, was Ihr heute Nacht für uns getan habt? Ihr habt uns Wärme und Freundschaft gegeben. Bei Euch haben wir Barmherzigkeit gespürt, und in dieser Gemeinschaft haben wir auch die Herrlichkeit Gottes zu sehen bekommen. Bleibt bei uns und betet mit uns, denn wir wollen jetzt zusammen Gott preisen und loben. Amen

Lied: „ Zu Bethlehem geboren"

Die Anbetung der Könige

oder

Die Hoffnung der Weisen.

(1. Aufführung Advent 1984 in St. Johannes, Marburg)

Personen:

König Melchior
König Kaspar
König Balthasar
Ocias, ein Diener
Omar, ein Diener
Bagoas, ein Diener
Thomas, der Hirt
Johannes, der Hirt
Jonas, der Hirt
Maria
Joseph

I. SZENE

Ort: Schloss von Melchior in Ranges .. Melchior kommt herein, in Eile, mit einer Papierrolle in der Hand und geht zu einem Tisch, wo verschiedene große Bücher und Rollen liegen. Es brennt eine Öllampe. Melchior fängt an, in den Büchern zu blättern, plötzlich sagte er

Melchior: Ja, hier steht es! Allmächtiger Gott! Das ist das Zeichen... das Zeichen! (*gerührt*)
Oh König aller Könige, Du, der die Tage deines Dieners gezählt hast, wie dankbar bin ich, oh Herr, dass ich diesen großen Tag erleben durfte. Dich loben und preisen alle Völker, oh Herr.

(Melchior hat in seinem Dankgebet die Hände gefaltet und ist auf die Knie gefallen, bleibt ein paar Augenblicke still. Plötzlich erhebt er sich, fängt an zu laufen von einer Seite der Bühne zur anderen während er ruft)

Ocias, Ocias, wo bleibt er denn?

(Ocias, ein Page, etwa 15 Jahre alt, kommt herein).

Ocias: Der Herr hat gerufen?

Melchior: Ja, schon eine Weile.(*Ocias macht eine Geste um sich zu entschuldigen, aber Melchior unterbricht ihn*).

Hör zu, mein Junge, durch Gottes Gnade konnte ich diesen Tag noch erleben, und ich kann dir sagen, es ist der schönste in meinem Leben.

Ocias: Warum, Herr, was ist passiert?

Melchior: Der große Augenblick, auf den alle Völker gewartet haben ist gekommen.

Ocias: Habe ich auch darauf gewartet, Herr?

Melchior: Mit Sicherheit, auch wenn du das nicht wusstest.

Ocias: Und, was ist es, worauf ich auch gewartet habe, Herr?

Melchior: Siehst du den Stern dort?

Ocias: Ich sehe viele Sterne, Herr. Es ist eine klare Winternacht. Der Himmel ist voll von Sternen.

Melchior: Wo hast du deine Augen? Dort oben am Horizont, siehst du nicht einen größeren, strahlenderen Stern als alle andere?

Ocias: (*schaut eine Weile in die Richtung*) Ja, Herr, jetzt sehe ich ihn auch.

Melchior: Und weiß du, was dieser Stern bedeutet?

Ocias: Nein, Herr. Ein Stern ist für mich ein bisschen Licht in der dunklen Nacht.

Melchior: Ja, dieser Stern bringt Licht in die Welt. Dieses Licht bedeutet, dass der Erlöser der Welt, der König aller Könige unter uns wohnt.

Ocias: Meint Ihr wirklich, Herr?

Melchior: Ja, Ocias. Schau, ich kann deine Zweifel verstehen, aber bei mir ist alles deutlich und klar. Wir werden heute Nacht nach Westen reiten.

Ocias: Nach Westen, Herr. Muss das sein? Es ist Winter. Können wir nicht bis zum Frühling warten?

Melchior: Nein, ich habe eine Entscheidung getroffen, und ich kann es nicht erwarten, dass wir uns auf den Weg machen. Siehst du das nicht? Ich habe so viele Jahre mit dem Studium der Sterne verbracht, Als dieser Stern am Himmel erschien, ahnte ich schon, dass ein Ereignis von enormer Bedeutung angekündigt worden sei. Ich habe überall nachgeforscht. Und weißt du wo ich Antwort auf meine Frage bekommen habe? Hier, in diesem alten Buch der Hebräer. Dort ist die Rede von einem Kind, von einem König, von einem Erlöser, der kommen wird, um Frieden und Heil zu bringen. Seine Geburt wird von wunderbaren Naturphänomenen begleitete. Und das ist dieser Stern. Nein, ich kann nicht länger warten. Wir müssen heute noch hin reiten.

Ocias: Reiten, Herr, aber wohin?

Melchior: Wohin? Vielleicht bis ans Ende der Welt. Aber ich glaube nicht, dass es notwendig sein wird so weit zu kommen. Der Stern wird uns den Weg zeigen. Wir werden ihm folgen.

Ocias: *(für sich sprechend)* Ist mein Herr vielleicht verrückt geworden? *(laut)* Sag mir also, oh Herr, welche Befehle ich geben muss.

Melchior: Ruf die anderen Diener zusammen, sie sollen Wintersachen und Essbares vorbereiten. Der Winter ist lang, und es wäre hart, Kälte und Hunger unterwegs ertragen zu müssen. Die große syrische Wüste erwartet uns, aber vorher müssen wir die Berge durchdringen. Sie sollen von ihren Frauen und Kindern Abschied nehmen, so wie vor einer großen Reise. Wir brauchen Reittiere, Kamele und Pferde, aber auch einige Rinder werden wir mitnehmen. Damit werden wir Fleisch und Milch haben, wenn es notwendig erscheint. Du sollst auch Nabur, dem Goldschmied bescheid sagen. Er muss sofort kommen und mir alles zeigen, was er bei sich hat. Ich brauche das schönste, das wertvollste, das feinste aller seiner Sachen.

Ocias: Für wen, Herr?

Melchior: *(ärgerlich)* Natürlich für das Kind. Als Opfer für das Kind. *(etwas sanfter und eine Hand an seinen Schulter legend)* Lauf, Junge, lauf bevor es zu spät wird. Ich werde den Weg studieren.

(Melchior bleibt einen Augenblick allein im Zimmer, macht eine der Rollen auf und vertieft sich darin. Ein Diener kommt herein)

Diener: Herr!

Melchior: Gehe er, ich bin beschäftigt.

Diener: Ehrwürdiger Herr, ich bitte sehr um Verzeihung. Ein Bote ist gekommen. Er hat die Wüste in drei Tagen durchquert. Die letzten zwanzig Meilen legte er zu Fuß zurück, weil das Pferd nicht mehr konnte. Er ist erschöpft und staubig, will aber weder essen noch trinken, verweigert sogar das Waschen bevor er mit Euch gesprochen hat.

Melchior: Mit mir will er sprechen? Wer schickt ihn denn?

Diener: Er sagt, dass sein Herr in Ninive, der Hauptstadt von Mesopotamien, wohnt, und dass sein Wissen sehr groß ist.

Melchior: *(überrascht)* Handelt es sich vielleicht um den großen Balthasar?

Diener: Jawohl, mein Herr.

Melchior: Er soll herein kommen, sofort.

(der Diener verlässt das Zimmer und kommt nach einer Weile zurück - gefolgt von Omar).

Omar: *(mit einer großen Verbeugung).* Der Friede sei mit Euch, mein Herr.

Melchior: Der Herr behüte dich, mein Sohn. Welche Botschaft sollst du mir überbringen?

Omar: Mein Herr und Beschützer, oh großer Melchior, will wissen ob Ihr auch am Himmel wundersame Dinge beobachtet habt, und was für eine Erklärung Ihr dafür habt.

Melchior: *(streichelt dabei seinen Bart)* Hat dein Herr den Stern gesehen?

Omar: Ein strahlender Stern mit einem Schweif wie ein Komet? Ja, mein Herr. Ich habe ihn auch gesehen. Dank ihm bin ich in der Wüste nicht verloren gegangen. Folgend seiner Bewegungen habe ich nicht einmal das Geschrei der Hyänen und der Schakale gehört. Der Stern gab mir die Stärke, um hierher zu gelangen. Aber mein Herr möchte wissen, welche Bedeutung hat dieser Stern? Kennt Ihr diese vielleicht?

Melchior: Sicherlich hat dein Herr und Meister in den alten Bücher der Astrologie der Hittiten nachgeschaut.

Omar: Das hat er, mein Herr, aber dort konnte er nichts finden.

Melchior: Wahrscheinlich hat er auch in den Bücher der Griechen und Phönizier nachgeschlagen.

Omar: Zwei Tage und zwei Nächte verbrachte mein Herr Balthasar ohne Schlaf und ohne Essen. Aber auch dort konnte er keine Antwort auf seine Frage bekommen.

Melchior: *(zufrieden, ja glücklich)* Aber ich habe die Antwort gefunden. In den alten Büchern der Propheten der Region von Judäa. Der Stern will uns zeigen, dass der Heiland und Erlöser geboren ist. Und wir, wir werden reiten um Ihn anzubeten.

Omar: Wann werdet Ihr losreiten, Herr?

Melchior: Bei Tagesanbruch; der Weg wird lang sein, und man muss gute Vorbereitungen treffen.

Omar: Dann muss ich auch sofort weg. Gib mir bitte ein Pferd, oh ehrwürdiger Herr, damit ich Ninive erreichen kann.

Melchior: Nein, armer Junge, Dein Wille ist groß, aber deine Kräfte sind verbraucht.

Omar: Aber ich muss meinen Meister benachrichtigen. Vielleicht will er auch mit Euch reiten in Eurer Karawane. Ich bin sicher, dass er auch den Heiland anbeten will.

Melchior: Sorge dich nicht, Omar, unsere Karawane wird auf jeden Fall Station in Ninive machen. Ich habe gerade die Route geplant, und ich hatte sowieso vor, mit deinem Meister zu sprechen. Ich glaube nämlich, dass er willig sein wird und mit uns kommen wird. Aber jetzt, mein guter Diener, ruhe dich aus und iss etwas. Nachher kannst du mit uns reiten.

Omar: *(mit einer tiefen Verbeugung)* Wie Ihr befehlt, mein Herr.

Melchior: *(lächelnd, im Selbstgespräch)* Der gute Balthasar wird auch kommen wollen. Da bin ich mir sicher *(er nimmt die Öllampe und geht)*.

II. SZENE

(in Ninive - Kaspar und Balthasar sitzen auf einem Teppich. Sie trinken Tee. Bagoas in der Nähe, neben der Tür stehend)

Balthasar: Es ist für mich eine große Ehre, dass Ihr gekommen seid, um mich mit Euerem Besuch zu erfreuen. Ich hoffe sehr, die Reise ist gut gelaufen. Heutzutage ist es so gefährlich. Seid Ihr alleine gekommen oder mit einer Eskorte?

Kaspar: *(lächelnd)* Nein, Balthasar. Ich kam nicht allein. Ich brachte eine große Karawane mit mir. Die Reise wird immerhin einige Tage oder sogar Wochen dauern.

Balthasar: *(fragend)*.Wollt Ihr nicht hier verweilen als mein Gast?

Kaspar: Oh, nein. Ich hatte nicht daran gedacht. Aber Ihr überrascht mich, mein Freund. Habt Ihr die Bedeutung des Sterns nicht erkannt?

Balthasar: *(freudig erregt)* Ihr habt ihn auch gesehen. Und habt Ihr schon seine Bedeutung herausgefunden? Sagt mir, bitte, was soll das bedeuten? Ich bin schon zwei Wochen ohne Schlaf. Irgendetwas sagt mir, dass es sich um etwas Großartiges handeln muss, aber ich kann es nicht erraten.

Kaspar: Habt Ihr es nicht bemerkt? Ich sah ihn schon am 29. Mai. Ich befand mich damals in der astrologischen Schule von Sippar. Es war wunderbar. Die Verbindung von Jupiter und Saturn auf Fische. Jupiter, wie Ihr wisst, ist der Stern der Könige. Saturn wird als der Stern Israels erklärt. Die jüdischen Astrologen, die auch dort waren, wurden unruhig. Für sie war es ohne Zweifel das wahre Zeichen, dass ein neuer König geboren wurde für das Volk Israels. Mich bewegt vor allem, dass die Verbindung mit den Fischen, Anfang und Ende bedeutet. Anfang einer neuen Zeit, mit einem mächtigen König im Westen.

Balthasar: *(hat alle Erklärungen mit großer Aufmerksamkeit verfolgt. Nach einer Weile sagt er nachdenklich)* Wieso habe ich ihn damals nicht gesehen? Ich Rhinozeros. Aber, sage mir, mein Freund, wenn Ihr den Stern im Mai schon gesehen habt, warum beginnt Ihr jetzt erst Eure Reise?

Kaspar: Die Reise im Sommer zu machen wäre nicht ratsam gewesen. Außerdem, was im Mai passierte war ein Phänomen der Annäherung. Wir rechneten damals damit, dass das wirkliche Wunder sich erst im Winter ereignen würde, und dass sehr wahrscheinlich das Datum mit dem Fest der Juden zusammenfallen würde. Nach dieser Berechnung machten wir unsere Vorbereitungen und fingen dann die Reise an.

Balthasar: Wann habt Ihr Babylon verlassen?

Kaspar: Vor ungefähr drei Wochen. Und unterwegs, das werden wir nie vergessen, erschien uns der Stern. Meine Männer fingen zu schreien und zu jubeln an, es war eine wunderschöne, klare Nacht; und der Stern bewegte sich. Ich würde sagen, dass er uns den Weg zeigte, obwohl durch meine Kenntnisse der Sterne, weiß ich auch, dass dies unmöglich ist.

Balthasar: Nichts ist unmöglich für den Willen der Allmächtigen. Aber, sage mir, was versprecht Ihr Euch von solch einer Reise? Warum tut Ihr so etwas?

Kaspar: *(nachdenklich)* Ich selber weiß es nicht. Eine Kraft in mir bewegt mich dazu. Wenn ein neuer König in Judäa geboren ist, und der Himmel völlig durcheinander gerät, dann möchte ich ihm auf jeden Fall meine Ehrbietung erweisen.

Balthasar: Bringt Ihr ihm Geschenke?

Kaspar: Ich bringe ihm eine Schatulle mit Myrrhe. Das ist die Salbe der Könige.

Balthasar: Ihr sagt es handelt sich um einen König. Aber Könige gibt es schon viele. Es muss mehr sein. Ein Gott! Ich würde ihm Weihrauch mitbringen. Wann wollt Ihr abreisen, mein Freund?

Kaspar: Morgen in der Früh. Wir werden die Nacht unter Eurem Dach verbringen. Die Kamele sind müde und brauchen eine Rast.

Balthasar: Wenn Ihr wüsstet wie ich Euch beneide, mein guter Kaspar. Euer Wissens wegen und Eurer Bereitschaft wegen. Ich sah auch den Stern, konnte aber nicht erraten was er bedeutete. Alles was ich tat war, einen Bote, Omar, nach Ranges zu schicken, um mit Melchior zu sprechen. Das geschah schon vor vierzehn Tagen und ich habe noch keine Antwort bekommen. Wenn das nicht wäre, würde ich gerne mit Euch wegreiten.

Bagoas: *(kommt sehr aufgeregt, macht eine Verbeugung)* Mein Herr Balthasar, entschuldigt bitte, aber eine große Karawane kommt auch zu uns. Sie kommen von Norden her, bringen Kamele, Rinder und eine große Eskorte. Im Schloss sind jetzt alle durcheinander. Kein Mensch hört auf mich, ich wollte...

Balthasar: *(unterbricht ihn)* Was sagst du da? Es ist vielleicht Melchior? Ich muss mich vergewissern *(schaut durchs Fenster)* Ja, es ist Melchior, neben ihm reitet Omar. Kein Zweifel mehr, Melchior hat auch seine Reise nach Westen angetreten. Gelobt sei der Herr. Ich werde mich Eurer Karawane anschließen. Kaspar, bleibe hier und empfange Du meine Gäste. Ich muss meine Vorbereitungen treffen. Oh, ist das ein glücklicher Tag.

III SZENE

(Die drei Könige sitzen um einer Feuerstelle im Freien und ruhen sich aus. Omar und Ocias kommen mit Obst und Getränken. Sie bedienen sich und gehen...)

Balthasar: Wir haben nur einen Tagesritt bis Jerusalem. Seid Ihr auch nicht sehr ungeduldig?

Melchior: Ich fühle mich einfach glücklich. Ich möchte singen, obwohl ich nicht besser als ein Esel singen kann.

Kaspar: Schone bitte unsere Ohren. Aber von etwas anderem wollte ich reden. Morgen, bevor wir in Jerusalem ankommen, wäre es vielleicht ratsam eine Pause einzulegen, damit wir unsere Reisekleidung umziehen können. Mit diesen Kleidern möchte ich nicht vor dem König erscheinen.

Melchior: Du hast wieder mal recht. Aber jetzt sollten wir uns endlich schlafen legen. Ich bin ziemlich müde und möchte morgen gut ausgeruht sein.

Kaspar: Entschuldige, ich habe eine Idee. Warum schicken wir nicht einen Boten in die Stadt und zwar heute noch? Auf dieser Weise kommen wir nicht so überraschend dorthin, und das ist immer besser. Was meint Ihr?

Balthasar: Die Idee ist großartig. Bagoas könnte dorthin reiten. Er ist nicht nur ein guter Reiter, sondern auch vertrauenswürdig und verschwiegen.

Melchior: Ich fände es gut.

Balthasar: *(klatsch dreimal in den Hände)* Bagoas, Bagoas!

Bagoas: Herr!

Balthasar: Bagoas, mein braver Junge! Nimm unser bestes Pferd und reite so schnell du kannst nach Jerusalem. In der Stadt reitest du zum Königspalast und fragst nach dem "Neuen König". Du sagst, dass wir seine Zeichen am Himmel gesehen hätten, dass wir von weit her gekommen sind, um ihn zu ehren. Verstehst Du? Wir werden um die dritte Stunde ankommen, und so haben sie Zeit die Vorbereitungen zu treffen die sie für nötig halten, um uns zu empfangen.

Bagoas: Keine Sorge, Herr, ich werde Otir reiten. Er ist schnell wie ein Blitz.

Kaspar: Nehmet er diesen Umhang. Die Nächte sind jetzt empfindlich kalt.

Bagoas: Danke, oh gütiger Herr" *(er geht)*.

Kaspar: *(rührt ein bisschen im Feuer)* Wie wäre es jetzt mit ein bisschen Schlaf. Der morgigen Tag wird bestimmt unvergesslich bleiben.

(die drei Herrscher legen sich schlafen)

Das Licht wird kräftiger. Es ist fast Tag. Man hört ein Pferd das sich nähert. Bagoas kommt nach einer Weile herein. Er sieht müde und traurig aus..

Bagoas: *(schüttelt an Balthasar)* Herr, aufwachen! Herr!

Balthasar: *(aus dem Schlaf gerissen, sich erhebend)* Was ist los? Warum bist du schon zurück? Wieso bist du nicht in der Stadt geblieben?

Bagoas: Herr, ich weiß nicht wie ich das sagen soll. In der Stadt weiß niemand etwas über einen neuen König.

Balthasar: Bist du tatsächlich in Jerusalem gewesen? Wann bist du dort angekommen?

Bagoas: Es war schon Mitternacht vorbei.

Melchior: Hast du den königlichen Palast gefunden?

Bagoas: Ja, den Palast kann man nicht verfehlen. Die Straßen waren noch voller Menschen. Sie hatten anscheinend ein Fest gefeiert. Das Fest der Lichter oder so ähnlich.

Kaspar: Hast du unsere Botschaft weitergeleitet? An wen? Hast du mit dem König selbst gesprochen?

Bagoas: Am Anfang konnte ich nicht einmal hinein. Vor den Toren standen Wachsoldaten, die mir den Eintritt verweigerten, aber nachdem ich drei Mal laut gerufen hatte, dass meine Herren die mächtigen und hohen Herren Balthasar aus Ninive, Melchior aus Babylonien und Kaspar aus Ranges wären, machten sie die Toren auf und ich durfte hinein.

Balthasar: Und, hat dich der König empfangen?

Bagoas: Ja, nach einer Weile kam er selbst und fragte wer ich wäre und was ich zu berichten hätte.

Kaspar: Und dann?

Bagoas: Ich erzählte von Euch und von euerer Suche nach dem neuen König. Er schien zuerst überrascht zu sein, allmählich wurde er immer aufgeregter, er fing an auf und ab zu gehen, bekam einen ganz roten Kopf und ich hatte Angst. Nach einer Weile beruhigte er sich und fragte ironisch, ob es sich vielleicht um einen Spaß handeln würde. Als ich das erstaunt verneinte, fragte er mich, wieso wir von dem neuen König etwas wussten. Ich erzählte ihm von dem Stern und er wurde ruhiger.

Kaspar: Hat er den Stern nicht gesehen?

Bagoas: Nein, er sagte, Astrologie interessierte ihn nicht.

Balthasar: Hätte er nur zum Himmel geguckt.

Melchior: Er ist wahrscheinlich einer von jener Art von Menschen, die nur bis zur eigenen Decke schauen statt zum Himmel.

Kaspar: Erzähle weiter Bagoas.

Bagoas: Ja, auf einmal sagte er mit höflicher Stimme, dass wenn dieses Ereignis Tatsache wäre, er gerne dorthin pilgern würde, um den neuen König die Ehre zu erweisen. Und er bat mich, ihn zu benachrichtigen in dem Augenblick in dem wir den König finden. Dann drehte er sich und verließ den Saal ohne nur ein einziges Wort der Begrüßung an Euch zu verlieren. So verwirrt war er. Ein merkwürdiger Herrscher ist er. Seine Worte und Mundart sind die eines Eselstreibers aber nicht eines Königs würdig.

Melchior: Also, er möchte auch zum König.

Bagoas: Das sagte er.

Kaspar: Wenn er so reagiert hat, wie Bagoas das geschildert hat, glaube ich nicht dass er dem König seiner Ehre erweisen will.

Balthasar: Sondern?

Kaspar: Merkt Ihr das nicht? Er hat Angst um seine Stellung hier. Er würde ihn ohne weiteres töten.

Balthasar: Glaubt Ihr wirklich?

Bagoas: Ich denke auch so. Seine Stimme war so anders als er mich bat ihn zu benachrichtigen.

Balthasar: Eins ist sicher, meine Freunde, ob wir das Kind finden oder nicht, Herodes wird mit uns nicht rechnen können. Wir werden Jerusalem vermeiden.

Melchior: *(nachdenklich)* Und wohin werden wir jetzt reiten?

Kaspar: Ich würde sagen, dass wir uns weiter von dem Stern führen lasen sollten. Wir können unterwegs noch fragen.

Balthasar: Ich bin auch deiner Meinung, guter Freund. Hauptsache wir lassen uns nicht entmutigen. Also weiter reiten, meine Herren.

Melchior: Wie heißt der nächste Ort Richtung Süden?

Kaspar: Das nächste Dorf ist Bethlehem.

Balthasar: Bethlehem, Bethlehem - gibt es nicht einen Vers in diesem Buch der Juden wo es heißt: und du Bethlehem wirst die erste sein?

Melchior: Ja, den Vers kenne ich auch, ob das allerdings mit dem neuen König zu tun hat, weiß ich nicht. Aber, wir können dorthin reiten.

Balthasar: *(hinter den anderen zwei gehend)* Der Name klingt schon sehr gut - Bethlehem, Bethlehem.

IV. SZENE

(Thomas, Jonas und Johannes sind auf dem Feld. Ocias, Omar und Bagoas kommen dazu...)

Johannes: Schau, Vater, Fremde! Wie reich sind sie angezogen, Vater!

Jonas: Vielleicht sind es Fürsten.

Ocias und Omar: Der Friede des Herrn.

Hirten: Er sei mit Euch.

Bagoas: Könntet Ihr uns zeigen....

Thomas: ...den Weg nach Jerusalem, vielleicht?

Ocias: Nein, von dort kommen wir schon. Sag uns, bitte, das Dorf dort oben, heißt es vielleicht Bethlehem?

Jonas: So ist es!

Omar: Und verzeiht noch die Frage, es klingt vielleicht etwas sonderbar, aber wir möchten wissen, ob nicht etwas Außergewöhnliches in diesem Dorf passiert ist?

Johannes: Und ob was passiert ist! Im ganzen Dorf spricht man von nichts anderes!

Bagoas, Ocias, Omar: Was ist passiert?

Ocias: Erzähle es uns bitte!

Jonas: Das ist schon zwei Wochen her. Hier, an dieser Stelle. Vater hatte am Nachmittag ein paar Fremde im Dorf gesehen. Mann und Frau. Sie war hochschwanger und sie hatten kein Quartier. Vater hatte Mitleid mit Ihnen und schenkte Ihnen unsere ganze Milch. Als ich davon hörte, wurde ich wütend. Aber es war nichts mehr zu machen, also, legten wir uns mit leerem Magen schlafen - ich nicht, ich hielt Wache.

Bagoas: Und dann?

Jonas: Und dann kam ein sehr helles Licht. Ich erschreckte fürchterlich. habe angefangen zu zittern. Ich konnte nicht wissen was das war.

Omar: Erzähle weiter!

Jonas: Es war ein Engel!

Ocias: Wirklich ein Engel?

Johannes: So war es. Ich habe ihn nicht gesehen, aber Jonas schien wie verwandelt zu sein. Ich werde nicht vergessen was er zu uns sagte: "Hosanna in der Höhe und Frieden den Menschen guten Willens".

Thomas: Ja, das sagte er, und dann sagte er weiter, dass der Retter der Welt in einem Stall geboren war. Wir sollten hin gehen, und wir würden ihn finden in Windeln gewickelt in einer Krippe liegend. Und so war es!

Ocias: Seid Ihr dort gewesen?

Johannes: Klar! Wir sind gelaufen - was für eine Nacht. Vor uns am Himmel, ein klarer Stern leuchtete den Weg und sein Licht fiel über den Stall, auf die Krippe und über das Kind. Dort waren auch seine Eltern, die zwei Fremden, die Vater am Nachmittag im Dorf getroffen hatte. Wir hatten ein paar Sachen mitgenommen. Ein Fell und ein Lämmchen. Andere Leute haben Milch, Käse, und Butter mitgebracht. Es kamen viele, es hatte sich im Dorf herumgesprochen. Aber wir, wir waren die Ersten und dort blieben wir bis zum Sonnenaufgang.

Omar: So lange? Was habt Ihr dort gemacht?

Johannes: Was wir dort gemacht haben? Nichts, wir haben nur zugeschaut. und die Augen waren erfüllt und das Herz auch. Seit dem, nur so, kann ich mir den Himmel vorstellen.

(Pause)

Omar: Und sind diese sonderbaren Leute noch an der selben Stelle?

Thomas: Aber ja! Abends bringen wir ihnen etwas Holz. Der Stall hat keine Tür, und es ist bitter kalt in der Nacht, und für uns ist es sehr schön sie besuchen zu können - es macht uns Freude.

Bagoas: Könntet Ihr uns den Weg zum Stall zeigen, guter Mann? Wir haben auch seinen Stern im Osten gesehen. Unsere Herren sind sehr mächtig und weise. Ihr müsst wissen, als sie den Stern am Himmel entdeckten, machten sie sich auf den Weg, um dem Neugeborenen ihre Aufwartung zu machen. Der Stern leitete unsere Schritte. Nur kurz vor Jerusalem haben wir ihn nicht mehr gesehen, aber jetzt merken wir, dass wir unseren Weg gefunden haben. Gelobt sei der Herr!

Thomas: Habt Ihr gehört, meine Söhne? Sogar Mächtige kommen von weit her, um Ihn zu ehren, aber ich will Euch nicht länger aufhalten. Seht Ihr diese zwei Palmen an der Mauer? Dort oben rechts, ganz nahe ist ein kleiner Stall, dort wohnen Sie.

Ocias: In der Nähe der Tränke?

Thomas: Dann glaube ich, dass wir den Stall leicht finden werden. Aber jetzt müssen wir fort. Unsere Herren werden sich Sorgen machen.

Ocias und Omar: Habt vielen Dank, liebe Leut! Der Frieden bleibe bei Euch.

Thomas: Und der Herr sei mit Euch.

V. SZENE

(im Stall. Maria hält das Kind in den Armen, Joseph kommt herein mit etwas Holz)

Joseph: Ich bin schon zurück. Wie fühlst du dich Maria? Hast du etwas gegessen?

Maria: Ja, Joseph, ich habe etwas Milch getrunken. Aber du sollst dir nicht so viele Sorgen um mich machen, Joseph. Ich fühle mich schon sehr gut. Der Herr beschützt uns. Bis jetzt hat es uns an nichts gefehlt. Es ist so rührend zu sehen, wie diese armen Menschen uns mit Geschenken überhäufen, obwohl sie auch manchmal nicht das Nötigste haben. Und schau, das Kind wird immer rundlicher. Er lacht schon und will mit meinen Fingern spielen.

Joseph: *(betrachtet Ihn entzückt)* Wenn ich Ihn und Dich anschaue, frage ich mich, wieso der Herr gerade mich gewählt hat, um für Euch beide zu sorgen *(hört etwas, schaut zur Tür)* Aber Maria, schau, siehst du nicht diese Karawane? Wieviele Leute! Und wie reich sie angezogen sind. Sie sehen aus wie Könige, nicht wahr? Wohin werden sie wohl reiten? Sie kommen immer näher.

Maria: *(mit ruhiger Stimme)* Sie kommen hierher, Joseph.

Joseph: *(erstaunt)* Woher weißt du das?

Maria: Mein Herz sagt es mir. sie kommen um Ihn anzubeten. Ich bin sicher. (*Maria setzt sich an einem Stuhl, sie deckt das Kind mit ihrem Umhang zu und es scheint, als wäre es ein Thron. Joseph bleibt stehend. Sie warten*).

(*Omar kommt herein*)

Omar: (*mit einer tiefen Verbeugung*) Ich komme als Bote meiner Herrschaften die Hochgeborenen Herren, Balthasar, Kaspar und Melchior. Herrscher von Ninive, Babylonien und Ranges, Besitzer der Geheimnissen der Medizin und der Astrologie, die seinen Stern am Himmel gesehen haben und sich auf den Weg gemacht haben. Die schon viele Tage und Nächte den Staub der Wüste und der Straßen ausgehalten haben und Steine als Kopfkissen gehabt haben. Aber nichts konnte Ihren Willen ändern, Ihre Hoffnung war groß und wurde erfüllt. Meine Herren bitten von Euch, in Demut und Ehrfurcht um die Gnade, sie zu empfangen.

(*Maria schaut zu Joseph und nickt mit dem Kopf*)

Joseph: Richtet Euch auf, mein lieber Freund und reitet Euren Herren entgegen! Ihr könntet Ihnen berichten, dass unser armes Haus und unser Herz offen für sie stehen, und dass Ihre Ankunft uns eine große Freude bereitet, und dass wir uns schon danach sehnen, Sie hier bei uns willkommen zu heißen.

(Omar verbeugt sich und geht)

(Einige Sekunden später...man hört Schritte. Durch die offene Tür treten langsam und würdig die drei Weisen ein.)

Kaspar: Wir haben seinen Stern am Himmel gesehen.

Melchior: Uns überkam eine große Freude.

Balthasar: Und wir machten uns auf den Weg.

Kaspar: Ich bringe Ihm Myrrhe wie einem König.

Melchior: Ich bringe Ihm Gold, als Mensch.

Balthasar: Ich bringe Ihm Weihrauch - als Gott.

Der Glaube Mariens

I. SZENE

Personen:

Maria,
Joseph
Johannes
Jonas
Thomas
Ruth
Hauptman
erster Soldat
zweiter Soldat

(die drei Hirten. Es ist dunkel. Jonas und Thomas schlafen. Johannes wacht bei der Herde)

Johannes: *(leise)* Was für eine lange Nacht. Es scheint mir, als hätte sie kein Ende. Ich habe sogar Angst, und ich weiß nicht warum *(er zittert)* Ich werde mich ein bisschen bewegen. Vielleicht vergeht so meine komische Stimmung heute *(er steht auf und fängt an, auf und ab zu gehen. Plötzlich bleibt er stehen und zeigt in eine Richtung)* Aber was ist denn das? Dort bewegt sich etwas. Sind das nicht.... Wollen sie vielleicht weggehen? Um dieser Stunde? Wir müssen was tun. Vater! Jonas! Aufwachen!

(beide stehen erschrocken auf)

Thomas: Was ist? Ist was passiert?

Johannes: Schau dorthin, Vater. Maria und Joseph gehen weg mit dem Kind. Mitten in der Nacht. Ist dem Kind vielleicht etwas zugestoßen? Wir müssen dorthin, und fragen ob sie etwas brauchen.

Jonas: Komm, beruhige dich! (*er schaut auch in die Richtung*) Ich würde sagen, dass sie jetzt zu uns kommen.

Johannes: Meinst du wirklich?

Thomas: Was für ein Grund werden sie haben, um mitten in der Nacht wegzugehen? Es müssen schwerwiegende Gründe sein. Na ja, wollen wir ihnen nicht entgegengehen??

Jonas, Johannes: Ja, gehen wir.

(*die drei Hirten verlassen die Bühne. Nach einer Weile kommen sie wieder mit Maria, Joseph und dem Kind*)

Jonas: Aber warum verlasst Ihr Bethlehem? Fehlt es Euch an irgendetwas? Wir besorgen es für Euch. Aber bleibt noch eine Weile bei uns.

Joseph: Es gibt nichts was wir nicht lieber täten, Freunde. Ich versichere Euch, dass mir der Abschied schwer fällt. Bei Euch waren wir geborgen, und jetzt müssen wir fliehen. Wir können nicht mehr hier bleiben. Wir müssen nach Ägypten, aber die Wüste, der lange Weg und der Durst. Das sind Gefahren die mir Angst einjagen. Ich weiß nicht wie Maria und das Kind diese Strapazen aushalten werden.

Jonas: Aber warum nach Ägypten? Wieso?

Joseph: Herodes sucht Ihn überall. Seit die drei Weisen aus dem Morgenland zu uns kamen, hat der König keine Ruhe mehr. Er will das Kind töten. Ägypten ist unsere einzige Rettung.

Johannes: Will der König Ihn tatsächlich töten? Ein Kind?

Joseph: Er will keinen König neben sich haben. Er fürchtet, unser Kind könnte ihn vom Thron stoßen. Und da kennt er kein Pardon. Ich fürchte, dass er in der Lage ist, nicht nur ein Kind sondern viele Kinder zu töten, um sicher zu gehen dass er keine Konkurrenz zu fürchten hat. Wir wissen, dass er das machen wird. Woher wir das wissen spielt jetzt keine Rolle. Deshalb meine Frage an Euch: habt Ihr vielleicht in eurer Familie ein kleines Kind, bis zwei Jahren oder so?

Thomas: Ja, unser Nachbarssohn, der kleine Isaak. Seine Mutter ist übrigens Ruth, die kennt Ihr auch.

Maria: Johannes, ich bitte dich, laufe schnell und sage ihr sie soll auch fliehen. Beeile dich. Sie soll alles liegen lassen und nur mit dem Kind weglaufen, sonst wird er auch getötet. Was für ein schrecklicher Tag. Den Schmerz der Mütter trage ich für immer in meinem Herzen.

Jonas: Auf was wartest du noch, Johannes? Laufe schnell.

Maria: Warte! Sage ihr, sie soll sich im Schilf verstecken, auf der anderen Seite des Flusses. Es ist ein bisschen sumpfig und kein guter Reitweg dort.

Johannes: Ist gut, ich habe verstanden. Ich gehe.

Maria: Joseph, wir müssen auch weg. Auf Wiedersehen, meine Freunde. Der Herr sei mit Euch. Wir werden Euch nie vergessen.

Joseph: Der Friede des Herrn sei mit Euch.

Jonas und Thomas: Der Engel des Herrn soll Euch begleiten.

(Maria und Joseph gehen weg. Thomas und Jonas bleiben und winken mit der Hand. Danach kehren sie schweigend zurück und setzen sich wieder ans Lagerfeuer. Eine Weile herrscht Stille).

Jonas: Weg sind sie, und mit Ihnen ist auch ein Teil meiner selbst mitgegangen. (*als würde er mit sich selber sprechen*) Ich glaube, dass wir auserwählt worden sind indem wir diese Familie kennengelernt haben. Seit ich sie gesehen habe, an dem Tag an dem das Kind geboren wurde, fühle ich mich wie ein neuer Mensch, und obwohl ich mich, jetzt wo sie weggehen, sehr allein fühle, weiß ich trotzdem, dass mein Leben reicher und glücklicher ist - einfach weil wir ihre Freunde waren.

Thomas: Ja, dasselbe denke ich. Warte, Vater, hörst du was? Sind es nicht Pferde? Nicht schon etwa die Soldaten? Wir müssen sie aufhalten, damit sie Zeit gewinnen und fliehen können.

Jonas: Vater, was soll ich sagen? Mir kommt gar nichts in den Sinn.

Thomas: Lasst mich bitte sprechen. Gott der Allmächtige wird uns schon helfen.

(ein Hauptmann und zwei Soldaten treten ein)

Hauptmann: Ave, seid gegrüßt!

Thomas: Ave. Darf man fragen was Ihr um diese Stunde sucht? Verfolgt Ihr vielleicht einen Kriminellen oder sind wir im Krieg?

Hauptmann: *(lachend)* Nein, nein, alles nicht so schlimm. Wir müssen dem König nur den Kopf eines Kindes bringen.

Soldat: Ja, ja, eines Kindes. Viele Kinder! Für alle Fälle haben wir schon alle kleinen Kinder, die wir in Bethlehem gefunden haben, getötet.

Jonas: *(schreiend)* Was habt Ihr gemacht? Das kann doch nicht wahr sein. Wohin sind wir gekommen, dass man Soldaten schickt, um kleine Kinder zu ermorden.

Hauptmann: Hä? Wie sprichst du mit einem Soldat der königlichen Garde. Befehle sind Befehle! Aber jetzt wirst du sehen was wir mit solchen Rebellen wie dir machen *(zu den Soldaten).* Nehmt ihn fest!

Thomas: Loslassen! Lasst ihn los! Was hat er getan?

Hauptmann: Ruhe! Erstens wirst du uns sagen, wo das Kind das wir suchen jetzt ist.

Thomas: Habt Ihr nicht gerade gesagt, Ihr hättet schon alle getötet?

Hauptmann: Ja, aber nicht das Kind, das wir gesucht haben. Der Wirt hat uns gesagt, dass Ihr Euch sehr angefreundet haben sollt mit ein paar Fremden, die kurz nach ihrer Ankunft hier ein Kind gekriegt haben, und dass Ihr später gesagt haben sollt, ein Engel sei Euch erschienen, und das dieses Kind eines Tages der zukünftige König von Israel sein wird. *(mit harter Stimme)* Ich werde es noch mal wiederholen. Wo befindet sich dieses Kind? Wo sind diese Leute hin?

Jonas: Wenn Ihr mich loslasst, werde ich Euch gerne begleiten bis zum Stall wo Er geboren ist.

Hauptmann: Wir kommen gerade daher. Da ist niemand. Sag mir wo er ist.

Jonas: Und wie sollen wir das wissen?

Hauptmann: Weil Ihr ihre Freunde gewesen seid. Man hat mir erzählt, dass Ihr den Fremden Essen und warme Kleidung gebracht habt, und im Dorf weiß man zu berichten, dass Ihr sie jeden Tag besucht habt. Außerdem, Eure Nachbarin, Ruth, die ist auch verschwunden. Was für ein Zufall, nicht wahr? Zum letzten Mal: wo sind sie?

Jonas: Ich werde nichts sagen, auch wenn es Euch nicht passt.

Thomas: Sei vorsichtig, mein Sohn.

Hauptmann: Vielleicht wird dein Vater uns mehr sagen wollen. Nicht wahr? Was meinst du, ob wir ihm die Augen ausbrennen?

Jonas: Lass meinen Vater in Ruhe, er weiß von nichts.

Thomas: Beruhige dich, Jonas. Auch wenn sie mich töten, wird es nicht sehr schlimm sein. Aber du sagst nichts.

Hauptmann Wir nehmen beide mit. Fünfzig Schläge wird jede bekommen. Vielleicht werden die Zungen dann locker.

Jonas: Vater, Vater! Ich will nicht.

Thomas: Ach Jonas, wenn es sehr schlimm wird, denke an jene Nacht, und du wirst sehen wie die Schmerzen verschwinden.

Hauptmann: Schnell, ab! Ich werde verrückt; mir reicht es.

II. SZENE

Maria, Joseph, Ruth

(Maria und Joseph warten links von der Szene kniend und gebeugt im Schilf versteckt. Ruth kommt von Rechts mit dem Baby auf dem Rücken. Sie schaut nach links und rechts)

Ruth: Wo sind sie? Johannes sagte ich sollte mich im Schilf verstecken, aber ich kann niemand sehen. Ach mein Gott, wie schrecklich. Beinahe wäre mein Kind auch durch das Schwert getötet worden. *(sie weint)*

Joseph: *(erhebt sich und kommt ihr entgegen)* Psst, psst, Ruth. Hier sind wir. Komm, beruhige dich. Wir werden hier den Rest des Tages verbringen. Im Schilf sind wir gut versteckt. Die Kinder liegen im Schatten und wir, na ja, bequem ist es nicht, aber sicher. Wie war es, hast du was gesehen? Waren die Soldaten schon da?

Ruth: Ob die Soldaten schon da waren? Oh ja, es war furchtbar. Überall hat man die Klagen der Mütter die ihre Kinder beweinen, gehört. Diese Mörder waren keine Menschen, es waren herzlose Bestien.

Maria: Wenn du wüsstest wie mein Herz blutet, wenn ich dich höre. Das Leid dieser Mütter ist auch mein Leid. Arme unschuldige Kinder. Aber, Du, Ruth, wie war es bei dir? Wie konntest du dich retten?

Ruth: Johannes nahm den Weg durch die Berge, kurz aber gefährlich. Drei mal ist er hingefallen, aber doch rechtzeitig gekommen. Ich habe mein Kind gepackt und bin um mein Leben gerannt. Als ich außerhalb des Dorfes ankam, hörte ich die Pferde näher kommen, und ich musste mich verstecken. kein Baum war da, nichts. Plötzlich entdeckte ich eine Kuh, und ich habe mich hinter dem Tier versteckt. Das Tier war ruhig und mein Kind schlief, aber mein Herz pochte wie wild. Die Soldaten ritten an uns vorbei, ohne uns bemerkt zu haben.

Joseph: In welche Richtung sind sie geritten?

Ruth: Sie ritten auf die Felder zu, wo Thomas und Johannes ihre Schafe weiden. Und ich fürchte, sie wollen was von Ihnen.

Maria: Joseph, Joseph. Ich habe Angst.

Joseph: Nein, Maria, nicht doch. Der Herr hat uns seinen Engel geschickt, damit uns ja nichts passiert.

Maria: Du hast recht, Joseph. Wie konnte ich nur. Aber meine Angst ist auch die Angst, die alle Verfolgten haben und haben werden. Dieser Schmerz, diese Angst, sind nur der Anfang einer langen Kette von Schmerzen. Nun ich weiß auch, dass mein Leben in Gottes Hände gelegt ist, und dass Er allmächtig und wissend seine Pläne für uns gemacht hat. Lasst uns ihn also anbeten und preisen.

(Maria steht jetzt in der Mitte der Bühne und betet das Magnificat, am Anfang alleine, wird allmählich begleitet von alle Hirten, Königen, Dienern, etc.)

Meine Seele preist die Größe des Herrn
und mein Geist jubelt über Gott, meinen Retter.
Denn auf die Niedrigkeit seiner Magd hat er geschaut.
Siehe, von nun an preisen mich selig alle Geschlechter.
Denn der Mächtige hat Großes an mir getan,
und sein Name ist heilig.
Er erbarmt sich von Geschlecht zu Geschlecht
über alle, die ihn fürchten.

Er vollbringt mit seinem Arm machtvolle Taten:
Er zerstreut, die im Herzen voll Hochmut sind;
er stürzt die Mächtigen vom Thron
und erhöht die Niedrigen.
Die Hungernden beschenkt er mit seinen Gaben
und lässt die Reichen leer ausgehen.
Er nimmt sich seines Knechtes Israel an

und denkt an sein Erbarmen.
Das er unsern Vätern verheißen hat,
Abraham und seinen Nachkommen auf ewig.

Amen

Ein Stern ist uns erschienen

(Uraufgeführt in Liebfrauen - Marburg
Weihnachten 2013)

PERSONEN

Mutter
Erzähler
Engel
Maria
Elisabeth
Joseph
Schreier
Beamter
Wirt
Ruth
Hirten:
Thomas.
Johannes
Mathias

Sternträger

(Eine junge Frau spricht die Kinder an, die als Zuschauer in der Kirche anwesend sind)

Mutter: Liebe Kinder, Heute ist ... Was für ein Tag ist heute? Heilig Abend. Ja!
Ihr freut euch bestimmt auf diesen Tag!
Der schönste Tag des Jahres!
Ihr könnt es kaum erwarten, nicht wahr? Dass es dunkel wird!
Dann, habt Ihr gehört, kommt das Christkind und bringt euch Geschenke. Stimmt´s?
Ja, aber warum gibt es so viele Geschenke? Warum gibt es Lichter überall?
Warum ist heute alles anders? Wir machen ein Fest, hier, Zuhause, in der Familie und das seit vielen, vielen Jahren. Warum das alles?

Kinder: Weil Jesus Christus, der Sohn Gottes und Mariens, heute vor vielen Jahren geboren ist.

Mutter: Und wir wollen jetzt euch die schönste Geschichte aller Zeiten erzählen. Die Geschichte der Geburt Jesu. Also, hört alle zu!

(Sie geht weg und der Erzähler kommt)

Erzähler: (*er liest im Manuskript*)
Im Nazareth wohnte ein Mädchen. Ihr Name war Maria. Eines Tages war sie in ihrem Zimmer und betete.

(Maria kniet vor dem Altar)

Plötzlich erschien ihr ein Engel. Er sagte:

Engel : Salve, Maria
Du bist voll der Gnade.
Der Herr ist mit Dir.
Du wirst ein Kind bekommen.
Er ist der Sohn des Höchsten.
Sein Name ist Jesus.

Maria: Ich bin die Magd des Herrn.
Mir geschehe nach deinem Wort.
Aber, wie soll das geschehen?

Engel: Für Gott ist alles möglich.
Auch deine Kusine Elisabeth
bekommt ein Kind, obwohl sie
schon alt ist.

Maria: Ich werde meine Kusine Elisabeth
besuchen. Ich muss mit ihr sprechen.

Erzähler: *Maria machte sich auf den Weg. Als sie im Haus von Elisabeth ankam, wurde sie von Elisabeth begrüßt mit den Worten:*

Elisabeth: . Gesegnet bist du unter allen
Frauen. Und gesegnet ist das Kind,
das du trägst.

(beide umarmen sich)

Erzähler: *Maria war die Verlobte eines Mannes namens Joseph. Als er merkte, dass Maria schwanger war, wurde er sehr traurig und weinte.*

Joseph: *(sitzt und weint)*
Oh, mein Gott. Ich bin so traurig.
Liebt mich Maria nicht mehr?
Sie erwartet ein Kind, aber das Kind ist nicht von mir.

Erzähler: *In diesem Augenblick erschien ihm ein Engel, der sagte:*

Engel: Joseph, Joseph, sei nicht traurig sondern froh. Das Kind, das Maria erwartet kommt von Gott.
Er ist der Messias, der Retter!

Joseph: Oh, danke Herr. Wie froh bin ich.
Ich werde jetzt Maria als meine Frau nehmen. Wir werden heiraten und ich werde auf das Kind aufpassen.
Wie glücklich bin ich!

Erzähler: *Kurz darauf heirateten Joseph und Maria und sie kam zu ihm in sein Haus.*
Einige Monate später, kam ein Bote des Kaisers Augustus in Nazareth an. Er sagte:

Schreier: Achtung! Achtung.
Ihr Männer von Judäa!

Auf Befehl des Kaisers Augustus,
müssen alle Männer von Judäa,
sich in Steuerlisten eintragen.
Jeder in seinem Geburtsort.

Erzähler: *Joseph erschrak. Er sagte:*

Joseph: Oh, mein Gott! Ich muss nach Bethlehem, um mich einzutragen. Aber der Weg ist lang. Es ist Winter und das göttliche Kind wird bald kommen. Was wird Maria dazu sagen?

Erzähler:. *Aber Maria sagte nur:*

Maria: Joseph, Joseph. Das Kind wird dann, wie du, in Bethlehem in der Stadt Davids geboren. Wie es in der Schrift steht!

Erzähler: *Maria und Joseph machten sich dann auf dem Weg Es war kalt und dunkel.*
wie die Welt damals. Man erzählt, dass als
Joseph und Maria (mit dem Kind)
durch den Wald gingen, fingen die Dornen zu blühen an.

(*wir singen „ Maria durch ein Dornwald ging")* *(GL 224)*

Erzähler: *Als sie in Bethlehem ankamen, gingen sie zuerst zum Marktplatz, um sich in den Steuernlisten einzutragen*

Beamter: Wer seid Ihr?

Joseph: Joseph aus Nazareth mit Maria meine Frau.

Beamter: Wieso trägst du dich hier ein?

Joseph: Ich komme aus dem Hause Davids und bin hier geboren.

Beamter: Beruf?

Joseph: Zimmermann.

Beamter: Kinder? Wie viele?

Joseph: Meine Frau erwartet ihr erstes Kind.

Beamter: Felder? Häuser? Weingärten? Schafe?

Joseph: Nichts mein Herr. Wir sind arm.
Wir leben von meiner
täglicher Arbeit.

Beamter: Solche Leute wie du sind für uns reine Zeitverschwendung. Geh!

Joseph: Noch eine Bitte, Herr.

Wir brauchen ein Zimmer für die Nacht, wisst Ihr vielleicht wo?

Beamter: Geh weg! Geh. Obdachlos seid Ihr auch noch!

Erzähler: *Joseph und Maria waren sehr traurig. Sie wussten nicht, wo sie die Nacht verbringen sollten. Sie versuchten, erst in der Herberge. Also klopfte Joseph an die Tür. Der Wirt kam heraus und sagte:*

Wirt: Was wollt Ihr hier?

Joseph: Nur einen Platz für die Nacht. Meine Frau kriegt ein Kind und…

Wirt: Was? Nee, nee, ich hab das Haus ganz voll und für euch, habe ich keinen Platz.

Joseph: Ich kann dich mit meiner Arbeit bezahlen.

Wirt: Ohne Geld willst Du bei mir übernachten? Gehet weg..

Erzähler: *Maria und Joseph waren sehr traurig. Es war sehr kalt. Es hatte angefangen zu schneien. Maria sagte:*

Maria: Gott wird für uns sorgen.
Mach Dir bitte keine Sorgen, Joseph!
(*Ruth erscheint*)
Ich will diese Frau fragen. Vielleicht weiß sie was für uns. (*zu Ruht gewandt*)
Entschuldige, bitte, könntest du uns helfen?

Ruth: Oh ja, gerne, was kann ich für Euch tun?

Maria: Wir sind sehr müde von der Reise.
Mein göttliches Kind will heute zur Welt kommen.
Weißt du von einem Ort, wo wir Schutz vor der Kälte und vor dem Wind finden könnten?

Ruth: Ja, da hinter ist ein verlassener Stall!

Alle: **Ein Stall!!!**

Joseph:. Oh, oh, ein Stall für das göttliche Kind.

Maria: Vielen Dank, mein Kind. Du hast uns sehr geholfen.
Komm, Joseph, gehen wir zum Stall.

Erzähler: *Joseph und Maria gingen in den*

Stall. Dort fanden sie sauberes Stroh und eine Futterkrippe. Maria holte aus ihrem Bündel ein paar frische Windeln und legte sie auf der Krippe und beide fingen an zu beten.
  Auf einmal erschien am Himmel über dem Stall ein ganz heller und großer Stern

(Stern kommt*)*

Die Wolken waren verschwunden, der Wind hatte sich gelegt. Die Kälte war gewichen. Es war eine wunderschöne, laue warme Nacht, und der Himmel leuchtete wie unsere Weihnachtsbäume. Und eine himmlische Musik ertönte über dem Stall: Ehre sei Gott in der Höhe. Gloria, Gloria.

(Die Gemeinde singt*:*
(G.L. 240 1-4)

Nicht sehr weit vom Stall lagerten drei Hirten bei ihren Schafen.

Thomas: Also, ich verstehe das nicht. Heute Morgen habe ich richtig gefroren Das Wetter war kalt und winterlich, und jetzt ist es auf einmal so schön geworden.

Johannes: Schau, Vater, den Himmel an. So viele Sterne habe ich noch nie gesehen. Alles ist so klar als wäre es Mittag.

Mathias: Schau dort drüben. Da erscheint ein besonders großer Stern. Er hat sogar einen Schweif.

Thomas: Der Himmel will uns vielleicht etwas sagen.

Johannes: Vor kurzem lasen wir in der Synagoge einen Text von Jesaja:
Das Volk, das im Dunkel lebt,
sieht ein helles Licht;
über denen, die im Land
der Finsternis wohnen,
strahlt ein Licht auf".

Thomas: Oh ja! Wie ging das weiter?
„Du erregst heute lauter Jubel
und schenkst großer Freude…"

Mathias: *„denn uns ist ein Kind geboren,*
ein Sohn ist uns geschenkt"

Die drei Hirten:
Die Herrschaft liegt
auf seiner Schulter,
man nennt ihn:
Wunderbarer Ratgeber,
Starker Gott,
Vater in Ewigkeit
Fürst des Friedens.
Seine Herrschaft ist groß,

und der Friede hat kein Ende.

Johannes: Ja, das hat Jesaja vor so vielen Jahren gesprochen,
und wir warten immer noch.

Mathias: Wenn er kommt, wird es in einer Nacht wie dieser sein
voller Sterne.

Johannes: Ja; aber es ist spät. Legt euch schlafen. Ich werde bei den Schafen wachen.

Erzähler: *Plötzlich erschien bei Ihnen der Engel des Herrn und sagte:*

Engel: Fürchtet euch nicht!
Denn ich verkünde euch eine große Freude!
Heute ist es euch in der Stadt Davids, der Retter geboren.
Er ist der Messias, der Herr!
Ihr werdet das Kind finden in Windeln gewickelt auf einer Krippe gelegen.

Erzähler: *Und plötzlich war bei dem Engel ein großes himmlisches Heer, das Gott lobte und sprach:*

.

Engel: Verherrlicht ist Gott in der Höhe,
und auf Erden ist Friede
bei den Menschen seiner Gnade.

Johannes: Vater! Mathias! Wacht auf!

Thomas und Mathias:
Was ist los? Warum
Schreist Du?

Johannes: Endlich ist das passiert,
worauf wir gewartet haben

Das göttliche Kind ist da! Ganz in der
Nähe! Dort wo der Stern ist!

Mathias: Woher weißt du das?

Johannes: Mir, uns ist ein Engel erschienen.
Es war kein Traum. Er hat
gesagt: „Ich verkünde euch eine große
Freude" und Chöre von
Engeln haben Gloria gesungen.

Thomas: Dankt dem Herrn! Lasst uns gehen.
Wir müssen Ihn finden
und Ihn anbeten

Erzähler:. *Die drei Hirten machten sich auf den Weg. Als sie bei dem Stall ankamen, knieten sie vor dem Kind und beteten es an. Maria und Joseph waren erstaunt über ihren Besuch. So fragte Joseph:*

Joseph: Woher habt Ihr gewusst, dass hier das göttliche Kind geboren wurde?

Thomas: Ein Engel ist uns erschienen und hat uns erzählt: „Der Retter ist geboren. Er ist der Messias, der Herr!

(GL. 241)

Erzähler: *Und Maria bewahrte alles was geschehen war in ihrem Herzen und dachte darüber nach. Die Hirten kehrten zurück, rühmten Gott und priesen ihn für das, was sie gehört und gesehen hatten; denn alles war so gewesen, wie es ihnen gesagt worden war.*

(GL. 256 -1)

Wir beten das Kind mit den Hirten an und bringen ihm unsere Fürbitten vor.

1. Maria hat dich getragen. Wir werden dich bald in uns tragen, bei unserer Kommunion. Mache aus uns Christusträger und Christusträgerinnen, die unsere Welt mit deinem Licht verwandeln.

Christus höre uns.

2. Die Hirten haben die Worte des Engels gehört und geglaubt. Öffne die Ohren und die Herzen von

so vielen Menschen, die nicht an dich glauben können.

Christus höre uns.

3. Deine Eltern waren heimatlos, so dass Du in einem Stall geboren bist. Mache uns bewusst, dass wir alle Kinder Gottes sind; unabhängig von Farbe, Kultur oder Religion.

Christus höre uns

4. Segne unsere Familien, damit sie froh miteinander Weihnachten feiern können.

Christus höre uns.

5. Für unsere Verstorbenen: lass sie in deiner Liebe geborgen sein.

Christus höre uns.

MARIA DURCH DEN DORNWALD GING

(Uraufführung in Liebfrauen am 24.12.2009)

Personen:
ein Flötenspieler
ein Schreier
ein römischer Soldat
ein Beamter (römisch gekleidet)
zwei Hirten
ein Obstverkäufer
der Wirt
ein Priester
Maria
Josef
Engel
Esther
Noemi
Bäume im Wald

(die Bäume können dieselben Kinder die schon ihre rollen gespielt haben und sich mit einem Sack und Zweige als Bäume agieren.)

I. SZENE

In Bethlehem - einige Leute sind versammelt

Musiker: Ganz wenig Leute hier. Ich hoffe ich sitze hier nicht allein. *(sitzt und spielt Flöte)*

Verkäufer: Datteln, frische Datteln, frische Feigen. Die besten in ganz Bethlehem. Datteln, frische Datteln.

Kind: Mama, ich will Datteln, ich will Datteln.

Ruth: Was kosten die Datteln?

Verkäufer: 3 Dinar der Korb.

Ruth: Gib mir einen Korb!

Ein Schreier oder Nachrichtensprecher kommt in Begleitung von einem Soldat, der mit Rufen Platz macht für ihn.

Soldat: Platz machen! Achtung! Gebt acht!

Schreier: Achtung! Achtung! Auf Befehl des Kaisers Augustus,
unser Herr im Rom , so wie von unserem König Herodes von Judäa!
Achtung, Achtung!
 Ihr Männer von Bethlehem, seid gerufen heute

auf den Marktplatz von Bethlehem zu kommen und
euch in Listen einzutragen.
Alle, die im Bethlehem geboren sind,
müssen sich in unsere Listen eintragen.
Auf Befehl des Kaisers!
Auf Befehl Augustus!
Auf Befehl Herodes!
Achtung, Achtung!

(der Soldat stellt einen Tisch und einen Stuhl in die Mitte, und die Männer und Frauen, die da anwesend sind, stellen sich in eine Reihe, Josef und Maria sind die letzten) (Ein Beamter kommt mit einem Blatt und Füller und fängt mit den Eintragungen ein)

Beamter: Wie heißt du?

Wirt: Elmadan

Beamter: Was ist dein Beruf?

Wirt: Ich bin Wirt

Beamter: Wie viele Zimmer hast du im Haus?

Wirt: Ich habe Schlafraum für 20 Leute

Beamter: Verheiratet? Wie heißt dein Weib?

Wirt: Esther

Beamter: Kinder? Wie viele?

Wirt: 5

Beamter: Kannst du schreiben?

Wirt: Nein

Beamter: Hier, dein Finger. So! Du kannst gehen! Nächster!

Soldat: Nächster!

Beamter: Wie heißt du?

Joshua: Joshua

Beamter: Was ist dein Beruf?

Joshua: Ich bin Hirte

Beamter: Hirte? Wie viele Schafe hast du?

Joshua: 200 Schafe

Beamter: Verheiratet? Wie heißt dein Weib?

Joshua: Noemi

Beamter: Kinder? Wie viele?

Joshua: 7

Beamter: Kannst du schreiben?

Joshua: Nein

Beamter: Hier, dein Finger. So! Du kannst gehen! Nächster!

Soldat: Nächster!

Beamter: Wie heißt du?

Levi: Levi

Beamter: Was ist dein Beruf?

Levi: Ich bin Priester

Beamter: Verheiratet? Wie heißt dein Weib?

Levi: Ruth

Beamter: Kinder? Wie viele?

Levi: 3

Beamter: Hast du Diener?

Levi: Ja, 4 Knechte und 3 Mägde.

Beamter: Häuser, Felder, Tiere?

Levi: 4 Häuser, und Ställe …Ochsen, Esel, ein Pferd!

Beamter: Oh, mein Herr! Hier Ihre Unterschrift! Sie können doch schreiben?

Levi: Ja

Beamter: Hier. Danke sehr!
(der Beamter steht auf und beugt sich vor den reichen Mann) Der Nächste!

Beamter: Wie heißt du?

Josef: Josef!

Beamter: Was ist dein Beruf?

Josef: Ich bin Zimmermann

Beamter: Und du wohnst in Bethlehem?

Josef: Nein, ich wohne in Nazareth.

Beamter: Ist das dein Weib?

Josef: Ja, sie heißt Maria

Beamter: Kinder? Wie viele?

Josef: Noch keins, aber mit Hilfe Gottes, wird sie bald eins kriegen. Bitte, Herr, wir brauchen ein Zimmer, sie glaubt, dass das Kind heute kommt.

Beamter: Das ist nicht mein Problem. Komm, ich muss jetzt gehen. Lass mich in Ruh.

Die Soldaten helfen den Tisch und die Stühle wegzuräumen, und der Beamte geht weg - stolzierend ohne einen Blick auf Josef und Maria zu werfen

Josef: Was machen wir jetzt, Maria?

Maria: Sorge dich nicht um mich, Josef. Wir werden schon etwas finden, wo ich ein bisschen Ruhe haben kann. Schau, da ist der Wirt, Elmadan. Vielleicht kannst du ihn fragen, er hat fünf Kinder.

Josef: Mein Herr, Sie sind Wirt?

Wirt: Ja, warum?

Josef: Habt ihr vielleicht ein Zimmer frei? Meine Frau glaubt, dass sie bald das Kind kriegt, und wir brauchen ein Zimmer, wo sie alleine sein kann.

Wirt: Nein, ich habe keins! Ich habe nur ein Schlafraum für 20 Leute, und der ist voll.

Josef: Oh wie, Maria, was machen wir denn jetzt?

(Maria, schaut sich um. Es gibt eine Gruppe von drei Frauen, die zu ihnen schauen. Sie geht zu ihnen)

Maria: Shalom - der Friede des Herrn sei mit Euch

Noemi: Und mit dir der Frieden.

Maria: Könntet Ihr uns helfen? Ich erwarte mein erstes Kind und hab keinen Platz.

Ruth: Ihr seid nicht von hier, nicht wahr?

Maria: Nein, wir kommen aus Nazareth. Der Weg war weit, ich bin müde und mein Kind wird bald kommen.

Esther: Ja, es gibt so viele Fremde in der Stadt. Wir haben das Haus voll von Verwandten, und wir kennen Euch nicht.

Noemi: Ja, tut mir leid für Euch, aber Bethlehem ist voll. Aber, ich weiß was. Schau, es gibt einen Stall am Ende des Waldes. Es ist nicht so ungefährlich durch den Wald zu gehen, aber Ihr seid nicht allein.

Maria: Nein, ich bin Gott sei Dank nie alleine. Josef ist bei mir. Und mein Gott begleitet mich.

Ruth: Aber, passt trotzdem auf! Es sind auch Tiere dort, sicher ist es dort wärmer als draußen. Dort seid Ihr geschützt gegen Kälte und Regen. Aber dort ein Kind gebären - mein Gott, das möchte ich nicht.

Maria: Oh ja. Ich danke euch von Herzen *(zu Josef)* Schau, Josef, am Ende des Waldes dort ist ein Stall.

Josef: Oh, mein Gott! In einem Stall! Maria, Maria, es tut mir so leid, dass Gottes Sohn in einem Stall zur Welt kommt.

Maria: Gott wird für uns sorgen, lieber Josef. Macht dir keine Sorgen. Machen wir uns auf den Weg, und der ist dunkel genug.

*Lichter ausschalten im Altarraum.
Warten bis die Bäume sich ausgestellt haben.
Orgel spielt „Maria durch ein Dornwald ging…" Licht langsam anmachen!*

(Josef und Maria gehen raus. Die Bäume stellen sich in die Mitte.
Lied: Maria durch den Dornwald ging*. Maria und Josef, gehen dreimal um die Bäume herum. In der dritten Strophe kommt ein kleiner Engel mit Blumen. So dass die Dornen Rosen tragen!*

(die Hirten setzen sich in die Mitte in einem Halbkreis)

Simon: Das war heute ein Tag! Den ganzen Tag stehend und wartend auf dem Marktplatz und jetzt die Nachtwache.

Joshua: Kalt ist es!

Simon: Habt Ihr das fremde Paar gesehen, das aus Galiläa gekommen ist? Ich glaube aus Nazareth, habe ich gehört.

Joshua: Ja, der Mann ist Zimmermann, nicht wahr? Und die Frau erwartet ein Kind.

Simon: Ja und ich weiß wo sie jetzt sind. In dem Stall von Boas!

Alle: In dem Stall?!! ...

Simon: Wenn heute Nacht das Kind käme, oh wie schrecklich.
Gut, ich schlafe jetzt ein wenig. Du Simon, wache bei den Schafen

Licht ausgehen lassen. (einen Augenblick Stille)
Orgel: „Hirten auf den Felder"... beim Gloria Licht anmachen.! (3 Strophen)
Engel erscheint

Engel: Fürchtet euch nicht,
denn ich verkünde euch eine große Freude,
die dem ganzen Volk zuteil werden soll.
Heute ist euch in der Stadt Davids der Retter geboren.
Er ist der Messias, der Herr!
Und das soll euch als Zeichen dienen.
Ihr werdet ein Kind finden,
das in Windeln gewickelt, in einer Krippe liegt.

Simon: Kommt, wir gehen nach Bethlehem, um das Ereignis zu sehen, das uns der Herr verkünden ließ Das sind sie bestimmt. Sie werden in dem Stall von Boas sein. Wenn das Kind aber unser Messias ist, dann müssen wir ihn anbeten!
Wenn wir zum Tempel gehen, bringen wir Opfergaben mit. Was bringen wir ihm denn?

Joshua: Was wir haben, ein Lämmchen.
Und Milch? Brot?

Simon: Nehmen wir alles, was wir haben. Gehen wir. Ich hole meine Frau, sie kann besser helfen als ich.

Johannes Ja, ich nehme auch meine mit. Ja, wir müssen allen Bescheid sagen. Denn heut ist uns ein Kind geboren, ein Retter ist uns geschenkt.

(Lied: *Kommet Ihr Hirten, ihr Männer und Frauen (3 Strophen)*

FÜRBITTEN

1. Maria hat dich durch den dunklen Wald getragen und ihn in einen Garten verwandelt. Wir werden dich bald in uns tragen, bei unserer Kommunion. Mache aus uns Christusträger und Christusträgerinnen, die unsere Welt mit deinem Licht verwandeln.

Christus höre uns

2. Die Hirten haben die Worte des Engels gehört und geglaubt. Öffne die Ohren und die Herzen von so vielen Menschen, die nicht an dich glauben können.

Christus höre uns

3. Deine Eltern waren heimatlos, so dass Du in einem Stall geboren bist. Mache uns bewusst, dass wir alle Kinder Gottes sind. Unabhängig von Farbe, Kultur oder Religion.

Christus höre uns

4. Segne unsere Familien, dass sie froh miteinander Weihnachten feiern können.

Christus höre uns

5. Für unsere Verstorbenen. Lass sie geborgen sein in deiner Liebe.

Christus höre uns

Impressum
ISBN: 9783735751539
Herstellung und Verlag:
BoD – Books on Demand
Norderstedt

MIX
Papier aus verantwortungsvollen Quellen
Paper from responsible sources
FSC® C105338